Mara Antonaccio

Fare animali di carta

GIUNTI Junior

Introduzione

La carta è il materiale più amato da bambini e ragazzi. Sarà per la sua facile reperibilità, per i colori vivaci in cui viene prodotta, per i vari tipi che ora sono disponibili sul mercato, sta di fatto che con la carta si può realizzare praticamente qualunque cosa. E noi come l'abbiamo trasformata? Ne abbiamo fatto tanti bellissimi animaletti che bambini e ragazzi potranno costruire da sé e con i quali potranno giocare e trascorrere tante ore creative. La carta, poi, è un materiale facile da ritagliare, da incollare, da colorare, e bene si presta alle attività didattiche e creative dei nostri piccoli artisti.

UN CONSIGLIO

Alcune delle sagome che incontri in questo libro devono essere ingrandite, come vedi scritto nei box. Non ti preoccupare, sarà un'operazione facilissima! Basta che fotocopi le sagome dalle pagine con la percentuale d'ingrandimento indicata.

Il diorama con i pesci

I diorama
sono scenette
tridimensionali
che mostrano
un ambiente naturale.
Ecco un bellissimo
fondale marino!

Tre allegri pesciolini nuotano nella scatola-diorama, tra un letto di alghe e mille bollicine blu.

Occorrente

- Cartoncino ruvido da 250/300 g di colore più scuro per la base del corpo
- Cartoncino ruvido da 200 g di due colori in tonalità più chiara del fondo (per esempio, arancio chiaro e arancio scuro su rosso ecc.)
- Carta a soffietto bianca
- Colla stick
- Spiedini di legno
- Occhietti mobili in plastica
- Cartoncino verde, liscio, da 200 g
- Scatola di cartone con disegni marini
- Sabbia
- Colla vinilica
- Pennello piatto morbido
- Colla a caldo
- Carta assorbente da cucina
- Conchigliette
- Carta velina
- Nastro di raso azzurro, alto 4 cm
- Matita
- Forbici
- Colori a tempera

Le dimensioni delle sagome sono da raddoppiare.

Corpo:
1 volta
(da tagliare
nella carta soffietto)

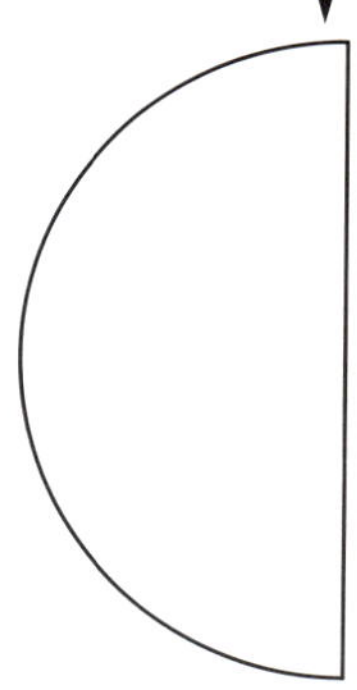

Occhio:
1 volta

Esecuzione

1) Con la carta assorbente da cucina prepara delle palline irregolari per creare le dune di sabbia del fondale marino. Con la colla vinilica attaccale sul fondo della scatola e lascia asciugare bene.
2) Passa su tutto il fondo della scatola la colla vinilica e cospargilo di sabbia, in abbondanza. Lascia asciugare bene e rovescia sul tavolo la sabbia in eccesso che non si è incollata. Dipingi la sabbia di azzurro con le tempere molto diluite e lascia asciugare.
3) Con la colla a caldo attacca le conchigliette sul fondo marino.
4) Ritaglia tante alghe di forme diverse nel cartoncino verde e incollale nella scatola, come puoi vedere dalla foto di pag. 5.
5) Ora è il momento di preparare i pesci: con la carta velina ricopia, ingrandendole, le sagome delle varie parti e ritagliale.
6) Usa queste sagome come modelli per ritagliare i pezzi che compongono il pesce: con il cartoncino più scuro ricava il corpo, con quelli più chiari, pinne, coda e occhi.
7) Con la colla stick attacca i vari pezzi uno sull'altro, come vedi dalle foto e, con la colla a caldo, attacca l'occhietto mobile. Ritaglia un semicerchio di carta a soffietto, aprilo per ottenere una semisfera e incollalo al corpo del pesce.
8) Incolla sul retro del pesce lo spiedo di legno e inserisci quest'ultimo sul fondo della scatola. Sistema i tre pesci in posizioni diverse e rifinisci il bordo della scatola con il nastro.

Le dimensioni delle sagome sono da raddoppiare.

Corpo: 1 volta

Corpo: 1 volta

Pinna anteriore:
1 volta

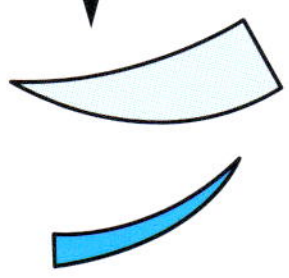

Pinna posteriore:
1 volta

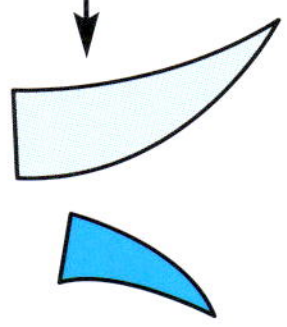

Pinna superiore:
1 volta

Coda:
1 volta

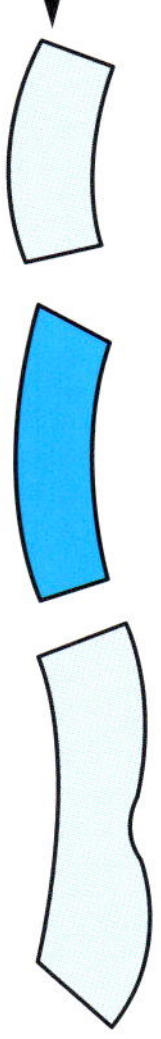

Alghe:
varie volte

Coda:
1 volta

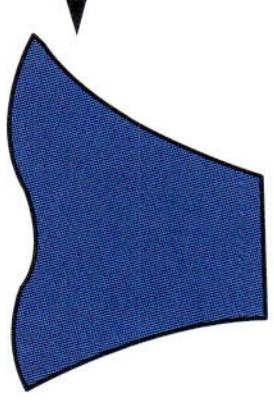

Il gioco del bosco

Tutti pronti? Oggi ci divertiamo con il gioco del bosco!
Un gioco dell'oca in cui le pedine e il tabellone rappresentano il mondo del bosco, nascosta dalle foglie e dai fiori e i personaggi sono tanti buffi animaletti.

Occorrente

- Palline di carta di 3 e 5 cm di diametro
- Colori acrilici
- Pennello morbido piatto
- Pennello a punta tonda n° 3
- Pennellino sottilissimo
- Pennarelli indelebili di colore nero, bianco, rosso e rosa
- Colla a caldo
- Scovolini di velluto di vari colori
- Micro pon pon rossi
- Fiorellini di gomma
- Cartoncino bianco e rosso
- Matite acquerellabili
- Forbici, pinzette e matita
- Cartoncino ondulato naturale
- Foglio di cartoncino F4, liscio, di 50 x 70 cm

Partenza
Salta un turno
Fermo un giro
Vai al 18

Esecuzione del bruco

1) Incolla 5 palline piccole di carta tra loro, dando una forma sinuosa. Con il colore acrilico verde colora il bruco.
2) Attorno ai punti di incollaggio fissa lo scovolino bianco, poi incolla il bruco sui 2 fiori di gomma (così resta in equilibrio).
3) Incolla 2 micro pon pon per fare le antenne e 1 micro pon pon al centro del musetto, per fare il naso.
4) Con i pennarelli indelebili disegna l'espressione del muso.

Le sagome da disegnare o da ritagliare sono a grandezza reale.

VISO DA DIPINGERE

Se l'idea degli insetti non ti piace, costruisci tante gallinelle come quella qui sotto.

VISO DA DIPINGERE

Zampe gallinella: 2 volte

Cresta gallinella: 1 volta

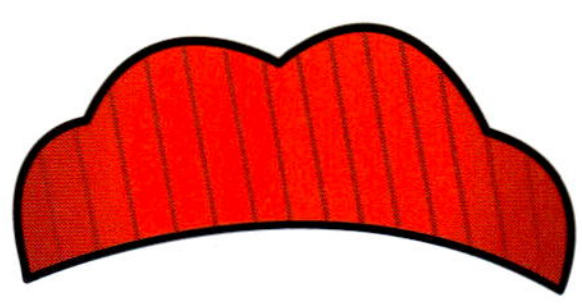

Becco gallinella: 1 volta

Esecuzione della coccinella

1) Incolla una pallina piccola di carta su una grande. Con il colore acrilico nero colora la pallina piccola e con il rosso quella grande. Lascia asciugare.
2) Con il pennarello nero disegna dei pallini sul corpo della coccinella e controllali con tanti puntini più piccoli.
3) Incolla un micro pon pon rosso al centro del musetto e disegna occhi, bocca e guance con i pennarelli indelebili. Rifinisci incollando lo scovolino nero per fare le antenne e le zampette.
4) Nel cartoncino rosso ritaglia le ali e decorale con il pennarello nero, come hai fatto per il corpo. Incollale alla base della testa, come puoi vedere dalle foto.

VISO DA DIPINGERE

Ali

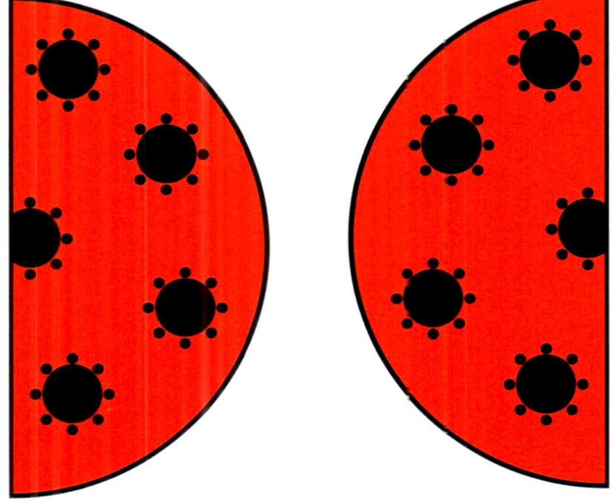

Le sagome da disegnare o da ritagliare sono a grandezza reale.

Esecuzione dell'ape

La lavorazione dell'ape è uguale a quella della coccinella. Cambia solo la colorazione del corpo, che è a righe, e delle ali, che sono due paia e sono colorate con la matita acquerellabile. Dopo aver tracciato le nervature con il colore azzurro, sfumatele con un pennellino umido.

Ala grande:
2 volte

Ala piccola:
2 volte

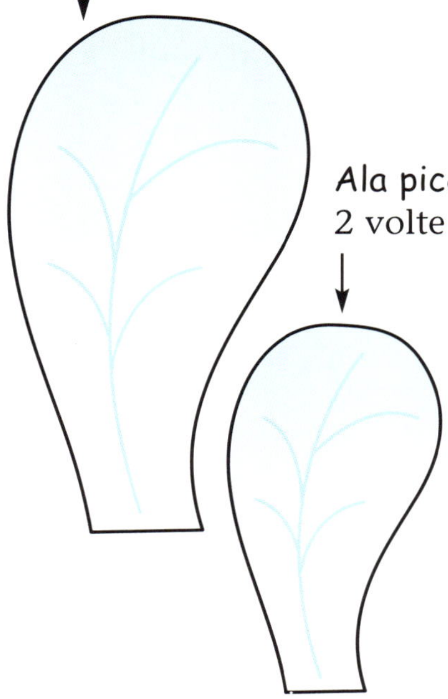

VISO DA DIPINGERE

Le sagome da disegnare o da ritagliare sono a grandezza reale.

Esecuzione della chiocciola

La lavorazione è come quella della coccinella, ma la chiocciola non ha le ali e ha il corpo colorato in modo diverso (vedi la foto a fianco). Per fare reggere il corpo, bisogna attaccare alla base due pezzi di cartoncino ondulato.

Pezzo del sotto

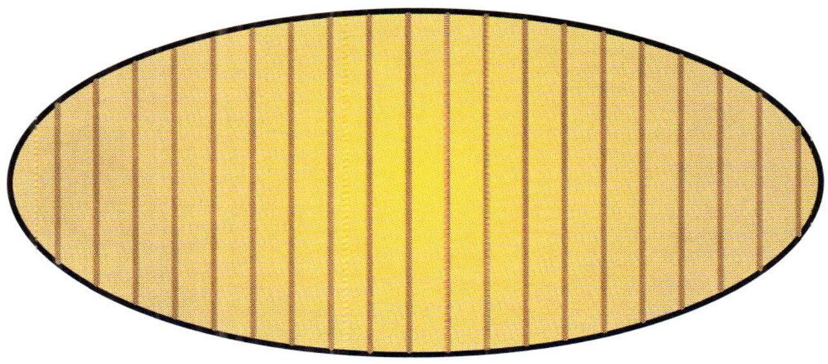

Pezzo del davanti

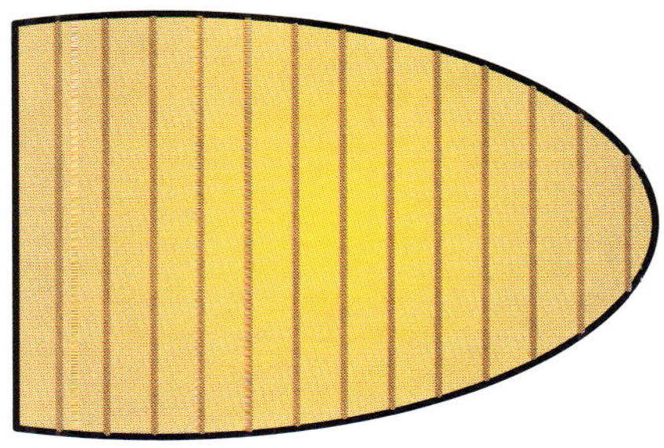

VISO DA DIPINGERE

Le sagome da disegnare o da ritagliare sono a grandezza reale.

Esecuzione del tabellone

Disegna sul cartoncino la chiocciola del tabellone osservando la foto a fianco. Poi dipingila con i pennarelli o con i colori acrilici.

Partenza
Salta un turno
Vai al 18

Farfalle da appendere

Se appenderai
le farfalle colorate
a fili di cotone
e le sospenderai
a dei ganci di metallo,
avrai un freschissimo
mobil che si muoverà
a ogni alito di vento.

Da appendere nella cameretta per trasformarla in un bosco fatato, da usare come marionette per improvvisare uno spettacolino o semplicemente per decorare una fotografia o un angolo speciale.

Occorrente

- Cartoncini colorati da 200 g, lisci e ruvidi
- Carta velina
- Matita
- Forbici da carta
- Colla stick
- Occhietti mobili
- Colla universale
- Pinzette (per incollare le parti più piccole)
- Foratrice tonda (per i cerchietti che decorano le ali)

Le sagome
da disegnare
o da ritagliare sono
a grandezza reale.

Decori ala parte superiore:
- 2 volte per tutti
- 4 volte solo per il cuore

Esecuzione

1) Con la carta velina e la matita ricopia le sagome di queste pagine, ritagliale e usale come modelli.
2) Con la matita, traccia i contorni delle sagome sui cartoncini colorati e ritaglia i vari pezzi.
3) Aiutandoti con la foto di pag. 17, incolla i ritagli di cartoncino uno sull'altro e costruisci le ali delle farfalle.
4) Fai un taglio nel corpo della farfalla, lungo la linea rossa. Metti le due parti delle ali una sull'altra e infilale nel taglio.
5) Piega il cartoncino nero nel senso della lunghezza (linea tratteggiata bianca) per dare l'impressione che la farfalla stia volando.
6) Ritaglia una strisciolina di cartoncino viola, arrotolala su se stessa e incollala alla testa per fare la trombetta della bocca.

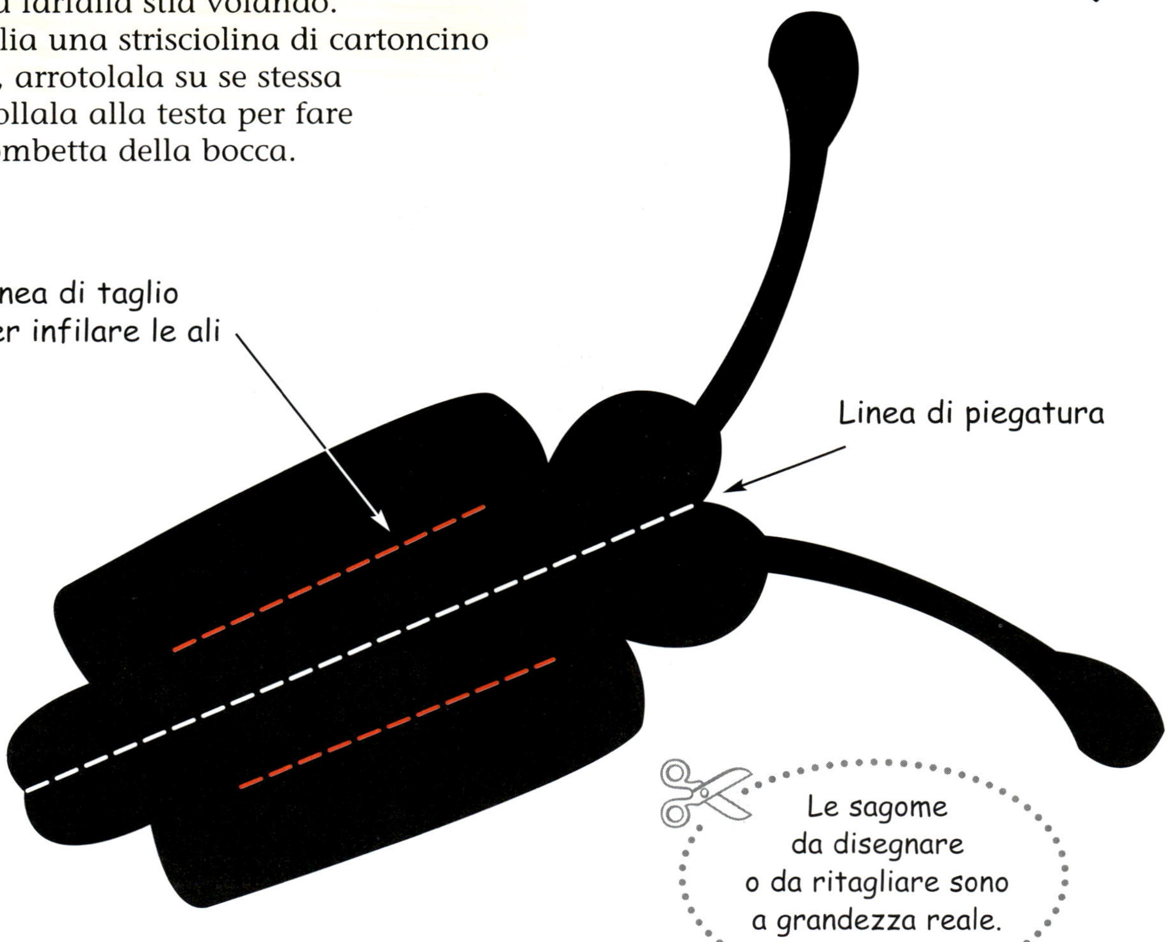

Le sagome da disegnare o da ritagliare sono a grandezza reale.

Base ala parte superiore:
2 volte

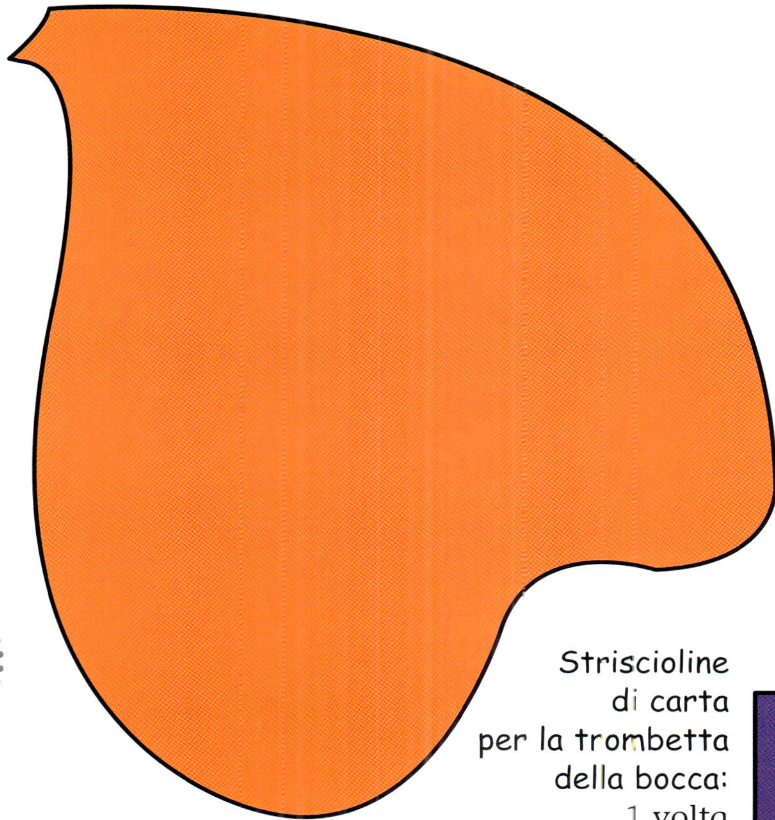

Le sagome da disegnare o da ritagliare sono a grandezza reale.

Striscioline di carta per la trombetta della bocca:
1 volta

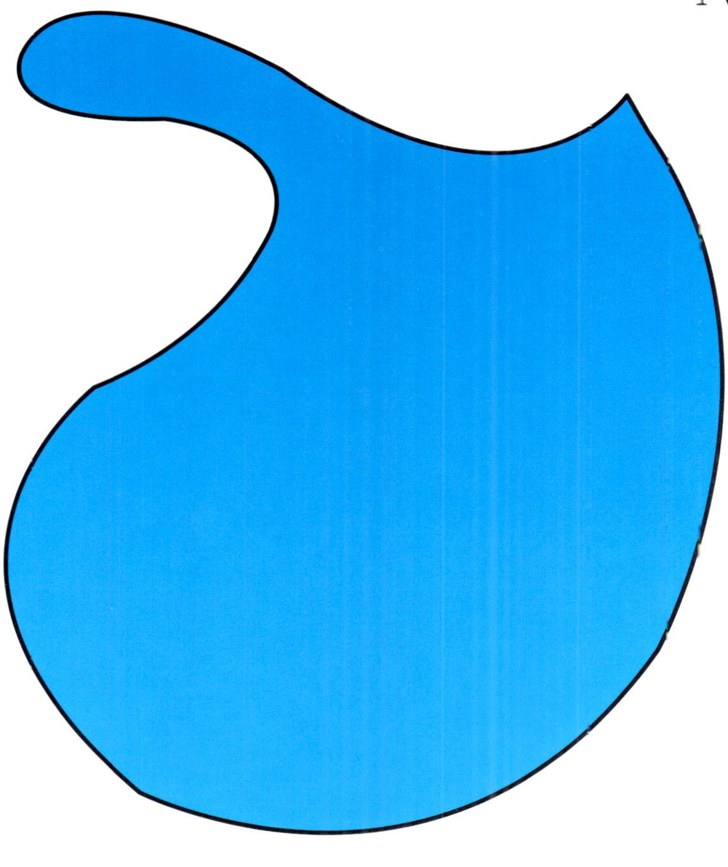

Base ala parte inferiore:
2 volte

Pinguini in famiglia

Vuoi costruire un'allegra famiglia di pinguini, formata da mamma, papà e piccolino? E allora, via con i lavori!

I pinguini sono animali simpatici e divertenti, specialmente per quel loro modo di camminare tutto dinoccolato. Ecco come divertirsi con dei pinguini... senza dovere andare al Polo Sud!!!

Occorrente

- Cartoncino nero e bianco da 300 g, ruvido
- Cartoncini lisci da 200 g dei seguenti colori: rosa chiaro e scuro, celeste chiaro e scuro, arancione
- Due paia di occhietti ovali, mobili, di plastica, di taglia grande
- Un paio di occhietti ovali, mobili, di plastica, di taglia piccola
- Carta a soffietto bianca
- Colla stick
- Colla a caldo
- Forbici
- Carta velina
- Matita

Becco e zampe

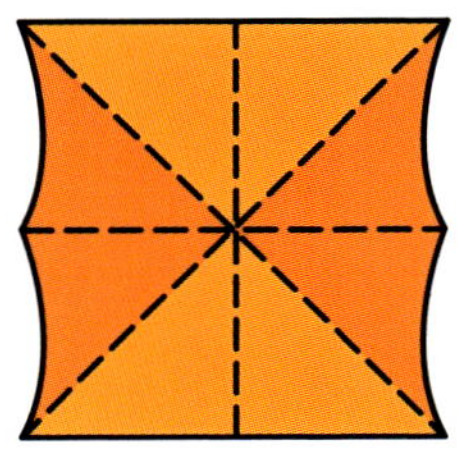

A) Piega verso l'interno i due triangoli laterali (scuri), spingendo sui tratteggi.

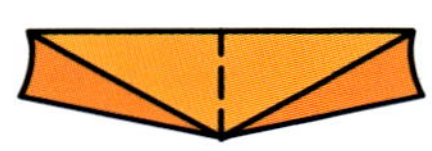

B) Piega i due triangoli risultanti verso l'interno e forma un soffietto.

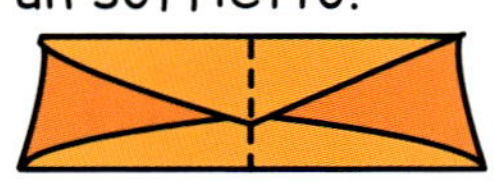

C) Visione finita.

Esecuzione

1) Con la carta velina e la matita ricopia le sagome di queste pagine, ritagliale e usale come modelli.
2) Con la matita traccia sui cartoncini colorati i contorni delle sagome e ritaglia i vari pezzi.
3) Incolla i pezzi neri e bianchi del corpo uno sull'altro, aiutandoti con la foto di pag. 21.
4) Prepara il fiocco e il cravattino con i cartoncini rosa e azzurri. Incollali al loro posto sui pinguini.
5) Ritaglia 2 lune di uguali e una più piccola nella carta a soffietto bianca.
6) Incollale al centro della pancia dei pinguini con la colla stick.
7) Ritaglia nel cartoncino arancione i triangoli che formeranno i becchi e attaccali con la colla a caldo.
8) Prepara le zampe-piedistallo sempre con il cartoncino arancione e incollale con la colla a caldo alla base dei pinguini.

Becchi e zampe sono fatti con un quadrato di cartoncino arancione piegato a soffietto (vedi istruzioni a pag. 20).

Testa:
1 volta

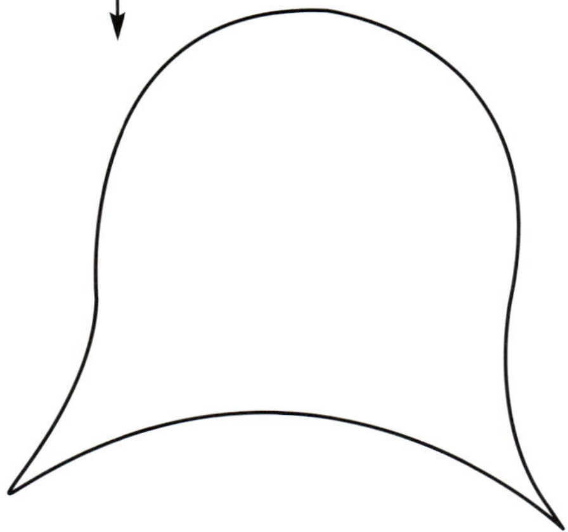

Corpo:
1 volta

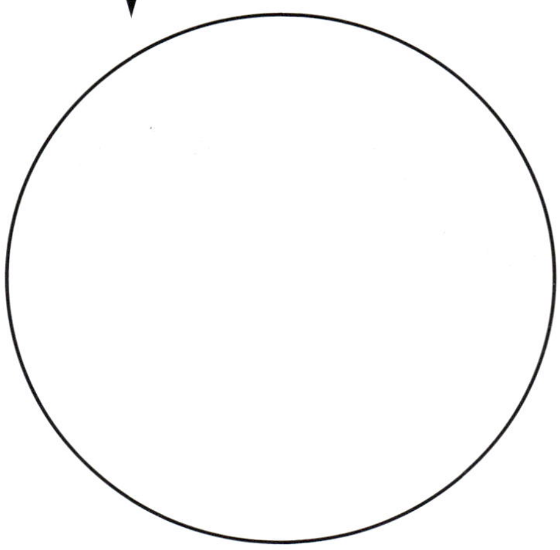

Becco:
1 volta

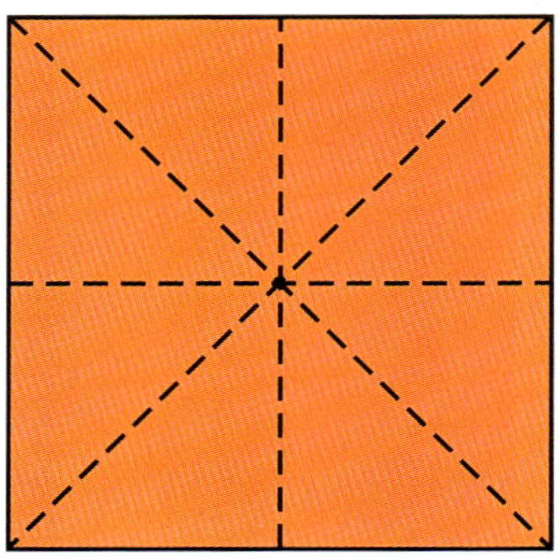

Zampa:
1 volta

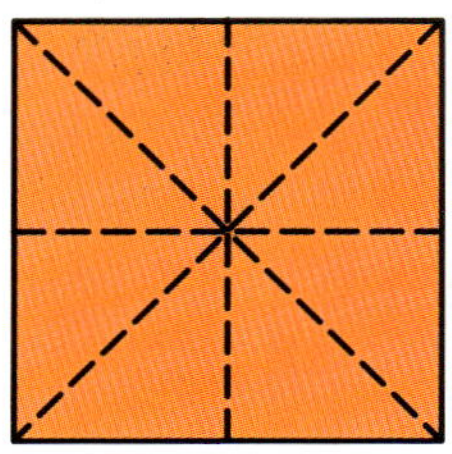

Per il pinguino piccolo le sagome da disegnare o ritagliare sono a grandezza reale.

Cravattino papà:
1 volta

Ali:
1 volta

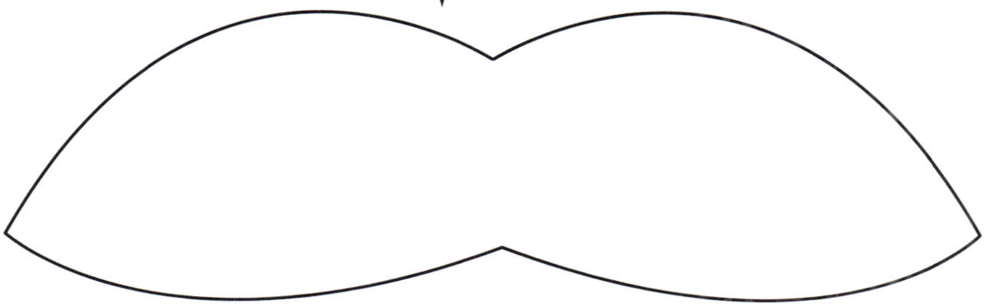

Cravattino papà:
1 volta

Ali:
1 volta

Per i pinguini adulti le sagome da ritagliare sono da ingrandire del 30%.

Fiocco mamma:
1 volta

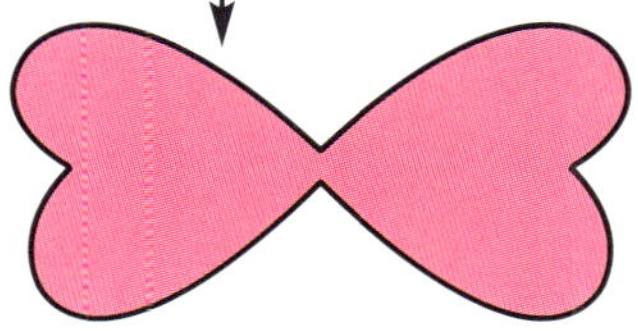

Corpo:
1 volta

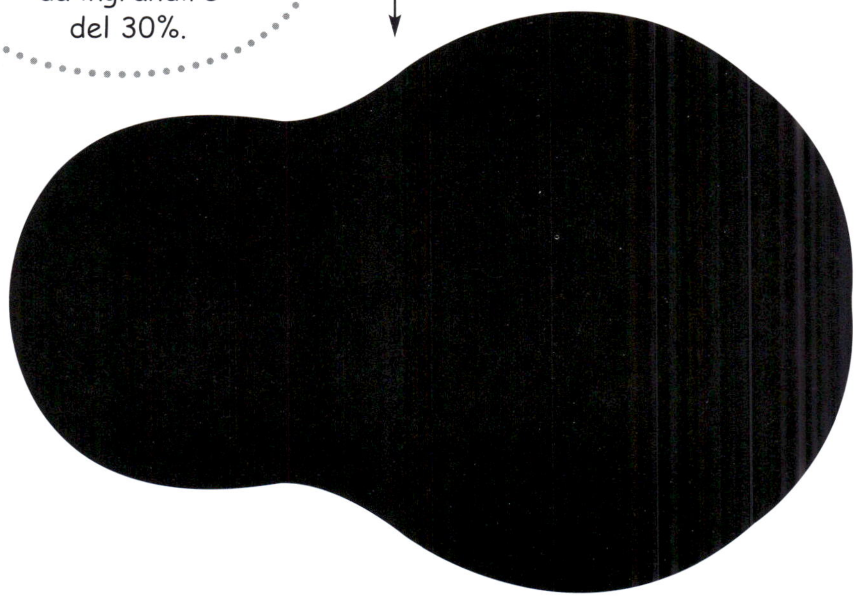

Fiocco mamma:
1 volta

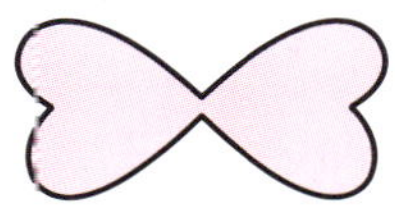

Per la festa
di Halloween
o per giocare,
divertiti a costruire
questo semplice
diorama con carta
e colori da vetro.

Diorama di Halloween

Per decorare la tavola di Halloween e per "terrorizzare" i tuoi amici, ecco la tana di un ragno non proprio mostruoso e di una coccinella pazzerellona!!!

Occorrente

- Colore da vetro nero per il contorno
- Un foglio di acetato pesante
- Forbici
- Cartoncini di questi colori: rosso, nero, bianco, rosa, arancione, lilla, verdino, verdone
- Colla stick
- Colla a caldo
- Un foglio di cartoncino giallo limone
- Matita
- Carta velina

Centro del fiore:
6 volte

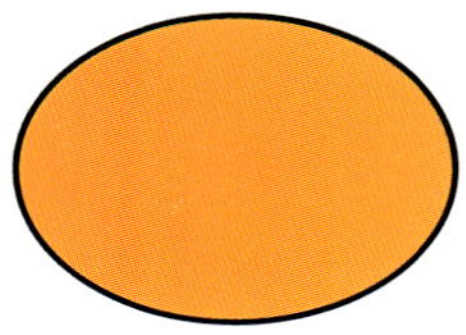

Zampe coccinella:
2 volte

Bocca coccinella:
1 volta

Antenne coccinella:
2 volte

Esecuzione

1) Con la carta velina e la matita ricopia le sagome di queste pagine, ritagliale e usale come modelli.
2) Con la matita traccia i contorni delle sagome sui cartoncini colorati, e ritaglia i vari pezzi.
3) Piega a metà il cartoncino giallo nel senso della lunghezza per formare le pareti del diorama.
4) Taglia un quadrato che abbia per lato la misura del lato del cartoncino giallo e incolla quest'ultimo sulla base verde (vedi foto a pag. 25).
5) Con il colore da vetro nero, traccia sull'acetato una ragnatela e lascia asciugare mezz'ora.
6) Incolla l'acetato ai due lati del cartoncino giallo, incollaci sopra il ragno, in posizione leggermente laterale.
7) Costruisci i fiori e incollali sul fondo e alla base del diorama.
8) Costruisci e incolla la coccinella sul cartoncino giallo, come decoro.

Fiore:
6 volte in totale con colori diversi

Foglie:
1 volta per fiore

Le sagome da ritagliare sono da ingrandire del 30%.

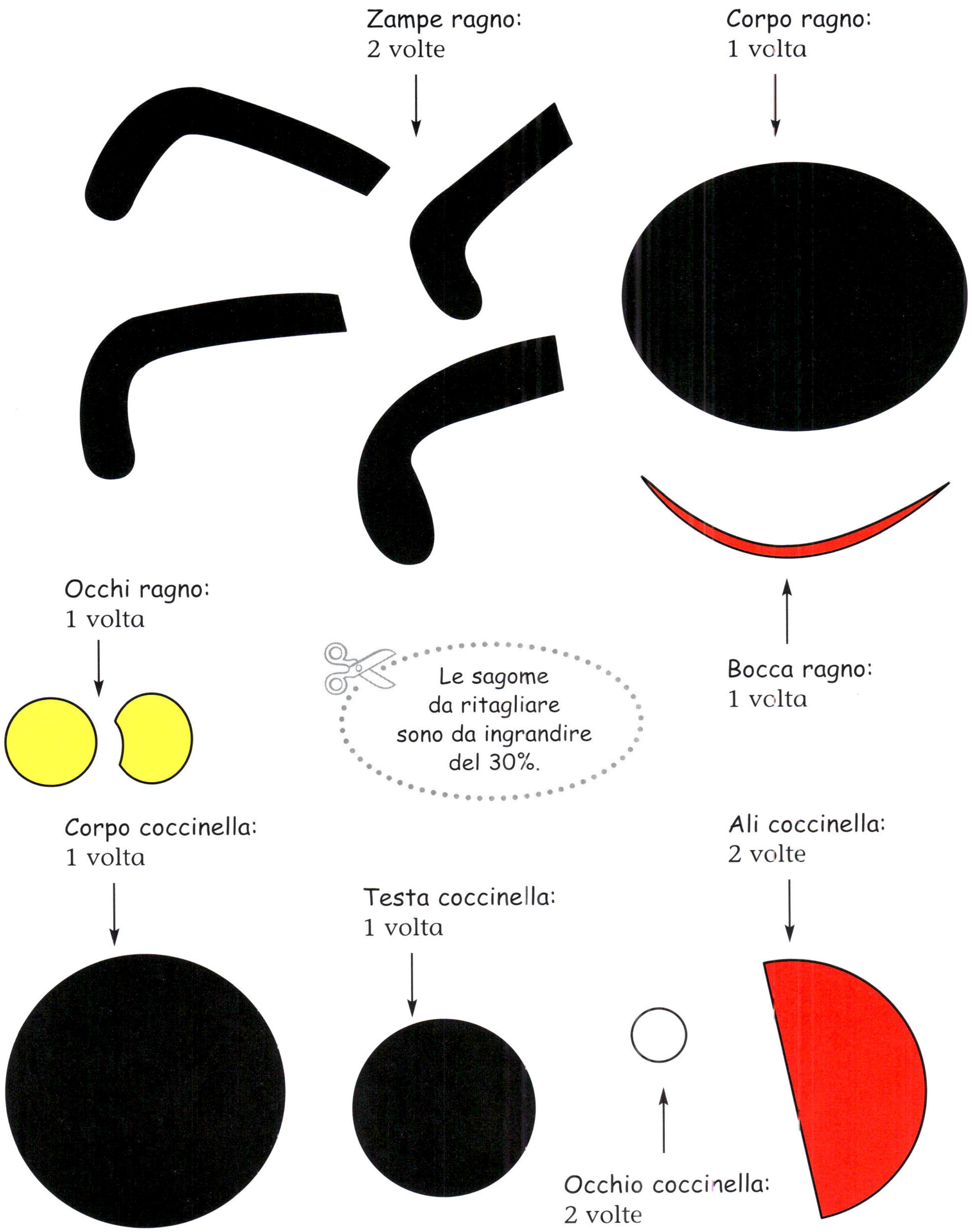
Zampe ragno:
2 volte
Corpo ragno:
1 volta
Occhi ragno:
1 volta
Le sagome
da ritagliare
sono da ingrandire
del 30%.
Bocca ragno:
1 volta
Corpo coccinella:
1 volta
Ali coccinella:
2 volte
Testa coccinella:
1 volta
Occhio coccinella:
2 volte

I serpentelli ipnotici

Con quei loro colori vivaci e le righe concentriche, i serpentelli rapiranno il tuo sguardo e non potrai più... smettere di giocare!

Se li appendi al soffitto, non smetteranno più di ballonzolare e, se li lascerai sulla scrivania, ti saluteranno ogni volta che passi di lì!.

Occorrente

- Per il corpo, cartoncini colorati ruvidi da 250 g
- Cartoncino liscio, da 200 g, in vari colori per le lingue e gli occhi
- Occhietti mobili di plastica
- Colla stick
- Colla a caldo
- Compasso
- Colori acrilici
- Matita
- Pennello piatto morbido
- Matite acquerellabili
- Forbici
- Fili per appendere i serpentelli o spiedini di legno con un pezzetto di creta o per poggiarli

Esecuzione

1) Nel cartoncino ruvido disegna un cerchio di 20 cm di diametro. Al suo interno traccia una linea a spirale e otterrai il corpo del serpentello.
2) Con i colori acrilici dipingi delle righe spesse 2 cm, distanziate l'una dall'altra 4 cm circa.
3) Quando i colori acrilici saranno ben asciutti, disegna delle righe con le matite acquerellabili e sfumale con un pennello umido.
4) Prepara il musetto piegando lungo le diagonali un quadrato di cartoncino. Per la sequenza delle piegature, osserva i disegni A, B e C.
5) Nel cartoncino liscio ritaglia gli occhi e la lingua e incollali sulla testa. Poi incolla gli occhietti di plastica sugli occhi e fissa la testa al corpo con la colla a caldo.
6) Se decidi di appendere il serpentello, ti basterà incollare un filo nella parte superiore della testa. Se decidi di tenerlo sulla scrivania, incolla uno spiedino di legno sotto la testa e infilalo in un pezzo di creta umida.

Musetto

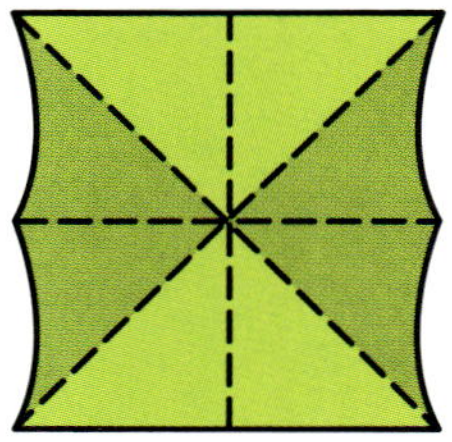

A) Piega verso l'interno i due triangoli laterali, spingendo sui tratteggi.

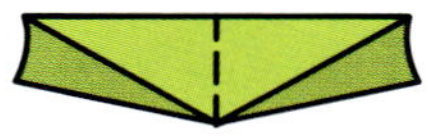

B) I triangoli risultanti, piegati verso l'interno, formeranno un soffietto.

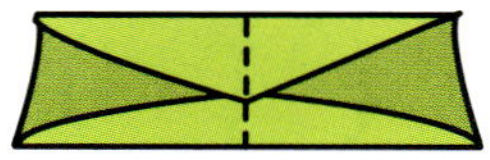

C) Visione finita.

Ecco come colorare il cerchio e creare le strisce del serpentello.

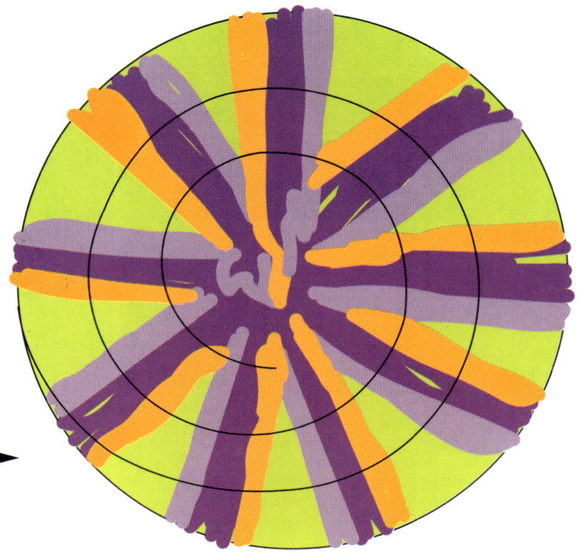

Corpo:
1 volta

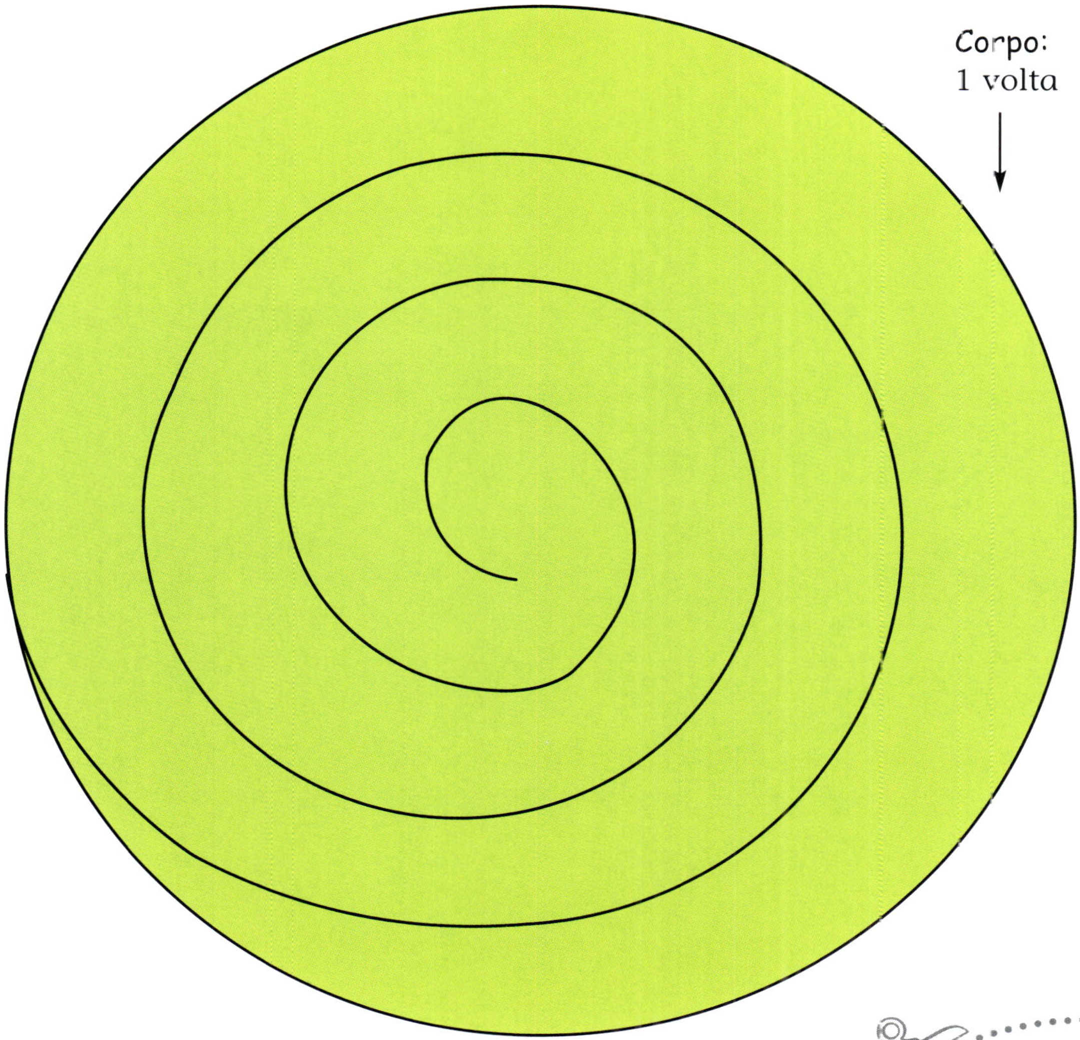

Le sagome da ritagliare sono da ingrandire del 30%.

Testa:
1 volta

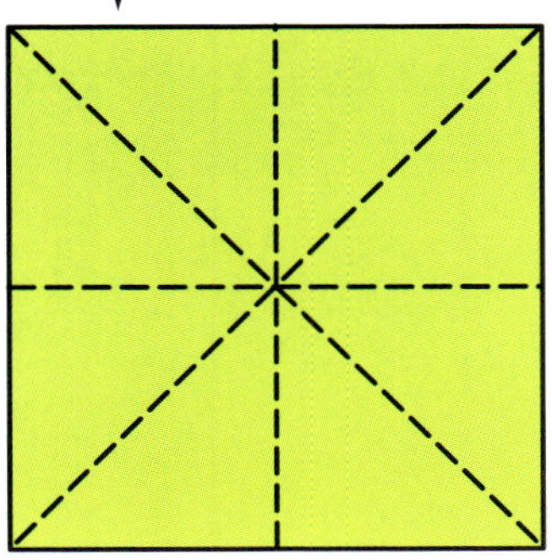

Occhio esterno:
1 volta

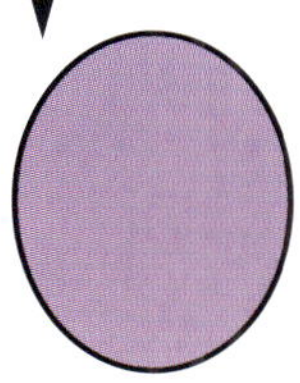

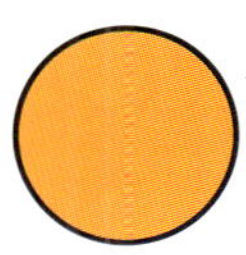

Occhio interno:
1 volta

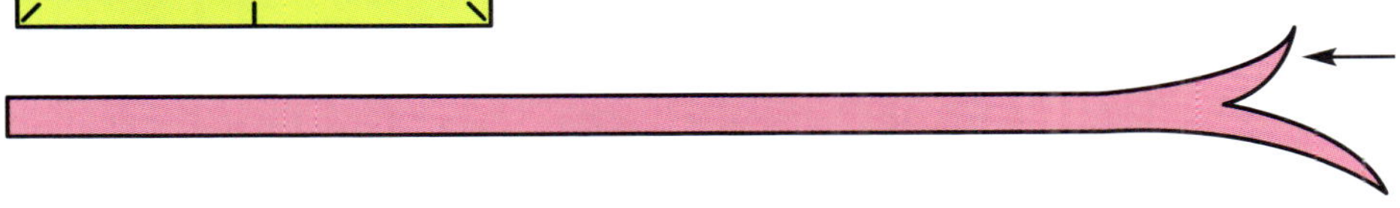

Lingua:
1 volta

Le marionette per le dita

Seguendo questo semplice procedimento, potrai costruire un'intera arca di animali per divertirti in mondo.

Per giocare con gli amici, una bella idea tutta di carta: le marionette da infilare sulle dita, a forma di cane e di gatto, i vostri animali preferiti.

Occorrente

- Cartoncini lisci da 200 g nei seguenti colori: rosso, verde acqua, bianco, nero
- Pennarelli a punta fine, uno rosso e uno nero
- Carta vellutina rosa e verde acqua carico
- Colla stick
- Colla a caldo
- Forbici da carta
- Matita
- Carta velina

Esecuzione

1) Con la carta velina e la matita ricopia le sagome di queste pagine, ritagliale e usale come modelli.
2) Con la matita traccia i contorni delle sagome sui cartoncini colorati e sulla carta vellutina e ritaglia i vari pezzi.
3) Aiutandoti con la fotografia qui a fianco, incolla i vari pezzi di cartoncino e carta vellutina uno sull'altro e costruisci la base del cane e del gatto.
4) Misura la circonferenza del tuo dito per preparare il cerchietto di carta che servirà da porta-marionetta.
5) Taglia una strisciolina di cartoncino e chiudila a cerchio su se stessa, fermala con la colla stick e incollala sul retro dell'animaletto.
6) Con i pennarelli traccia i tratti del muso e i puntini dei baffi.

Testa cane:
1 volta (cartoncino)

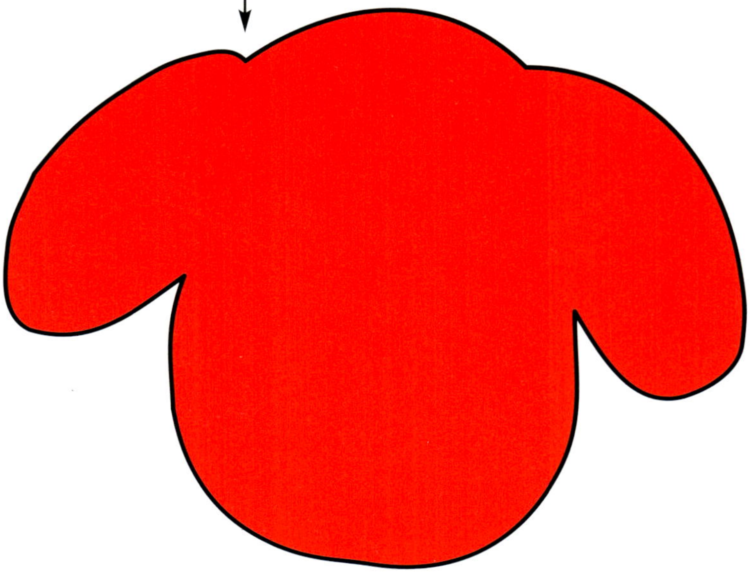

Coda cane:
1 volta (carta cartoncino)

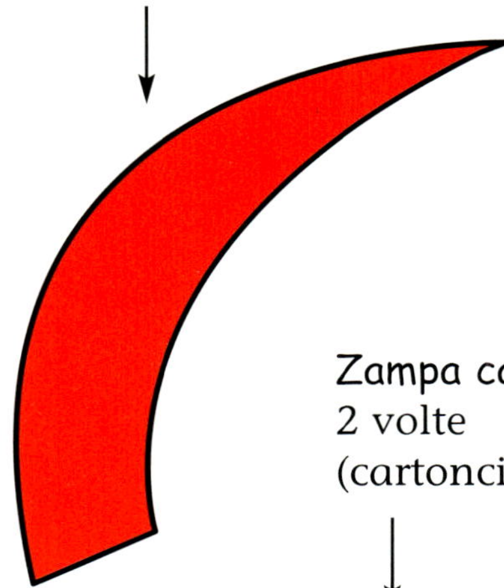

Zampa cane:
2 volte
(cartoncino)

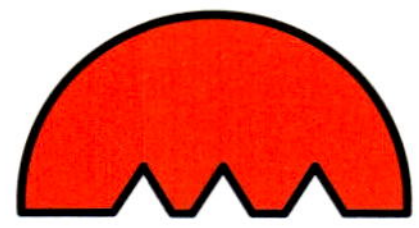

Orecchio destro cane:
1 volta
(carta vellutina)

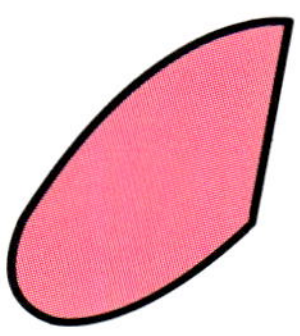

Macchia occhio cane:
1 volta
(carta vellutina)

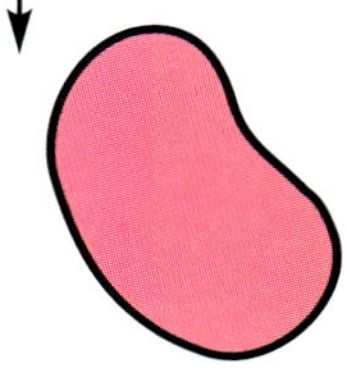

Orecchio
sinistro cane:
1 volta
(carta vellutina)

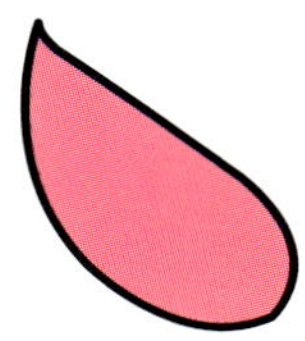

Baffi cane:
6 volte
(cartoncino)

Coda cane:
1 volta
(carta vellutina)

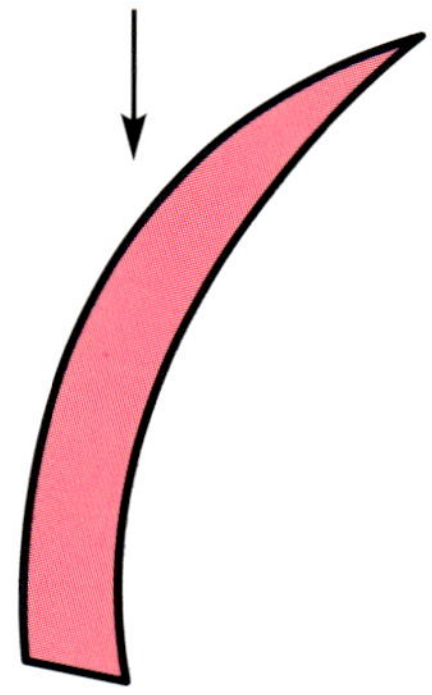

VISO DA DISEGNARE

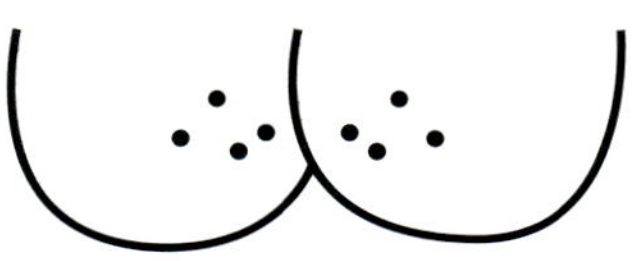

Zampa cane:
2 volte
(carta vellutina)

Naso cane:
1 volta
(cartoncino)

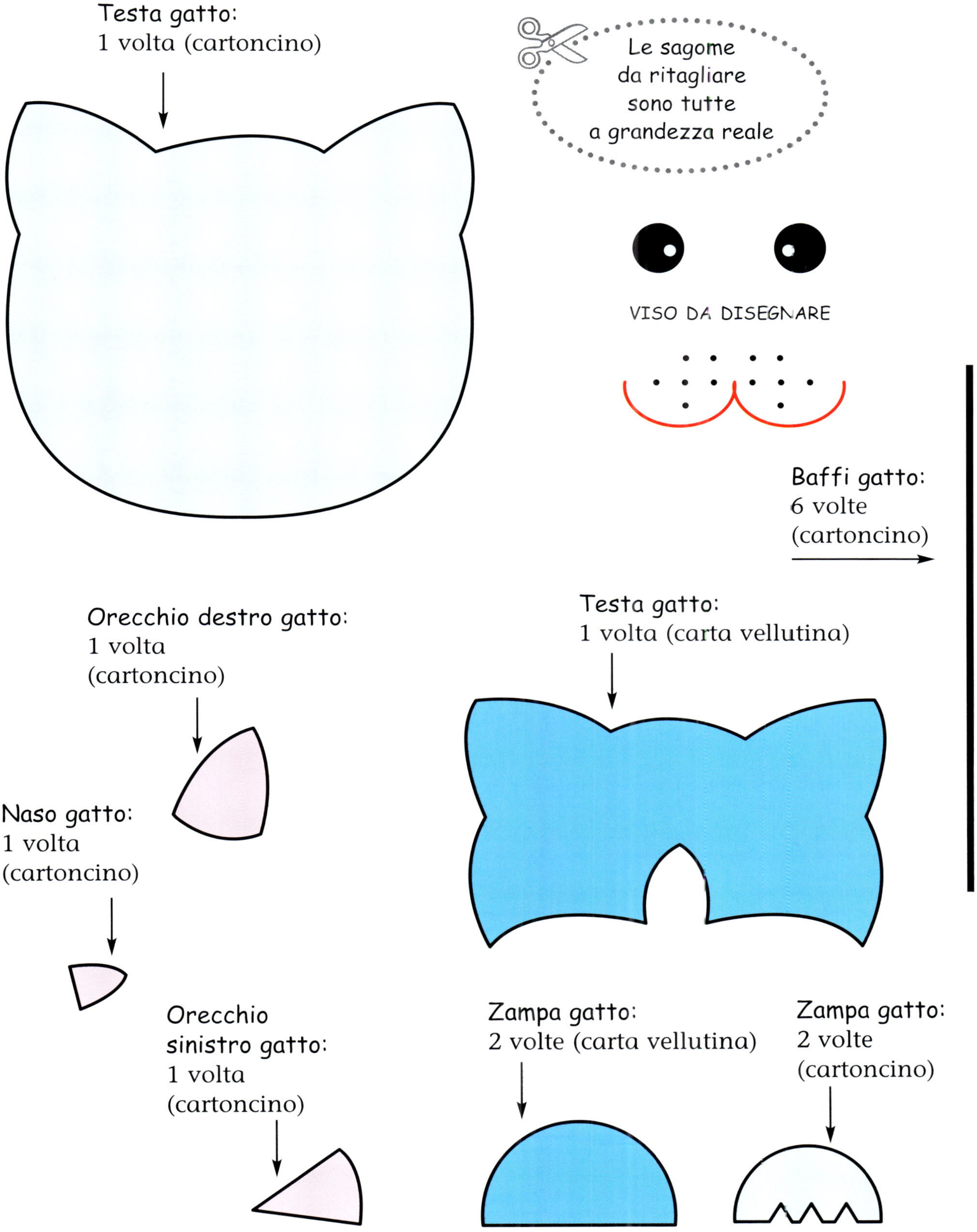
Testa gatto:
1 volta (cartoncino)
Le sagome
da ritagliare
sono tutte
a grandezza reale
VISO DA DISEGNARE
Baffi gatto:
6 volte
(cartoncino)
Orecchio destro gatto:
1 volta
(cartoncino)
Testa gatto:
1 volta (carta vellutina)
Naso gatto:
1 volta
(cartoncino)
Orecchio
sinistro gatto:
1 volta
(cartoncino)
Zampa gatto:
2 volte (carta vellutina)
Zampa gatto:
2 volte
(cartoncino)

Orsi e leoni in maschera

Come indossare la maschera? Taglia un pezzo di elastico, che misuri metà della circonferenza della tua testa, e attaccalo alla maschera con la pinzatrice.

Quando arriva il Carnevale o quando hai voglia di trasformarti, ricordati di queste buffissime maschere.

Occorrente

- Cartoncini colorati da 300 g, ruvidi
- Carta crespa gialla e arancione
- Carta velina
- Matita
- Forbici
- Cutter
- Pennarelli coprenti, indelebili
- Colla stick
- Colla a caldo
- Pinzatrice
- Pon pon arancioni e gialli
- Elastico sottile

Esecuzione

1) Con la carta velina e la matita ricopia le sagome di queste pagine, ritagliale e usale come modelli.
2) Con la matita traccia i contorni delle sagome sui cartoncini colorati e sulla carta crespa e ritaglia i vari pezzi.
3) Con il cartoncino più scuro realizza le facce, con gli altri il naso, la bocca, le sopracciglia e le orecchie.
4) Con la colla stick incolla i vari pezzi e con il pennarello disegna i tratti del muso.
5) Solo per il leone: taglia due strisce di ogni colore di carta crespa, alte 10 cm circa.
6) Piega su se stesse le strisce nel senso della larghezza ed effettua dei tagli paralleli, distanziati uno dall'altro di circa 3 cm. Ma attenzione: non tagliare del tutto la carta, perché le strisce devono restare attaccate tra di loro.
7) Con la pinzatrice fissa la criniera sulla maschera e, per nascondere i punti metallici, incollaci sopra i pon pon.

Musetto:
1 volta su cartoncino
messo doppio

Le sagome
da ritagliare
sono tutte
a grandezza reale.

Orecchio:
2 volte

Sopracciglio:
2 volte

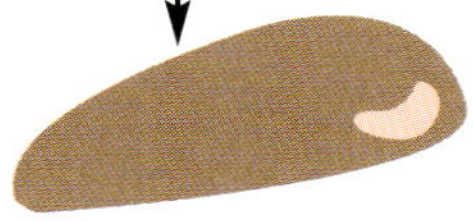

Naso:
1 volta

Lingua:
1 volta

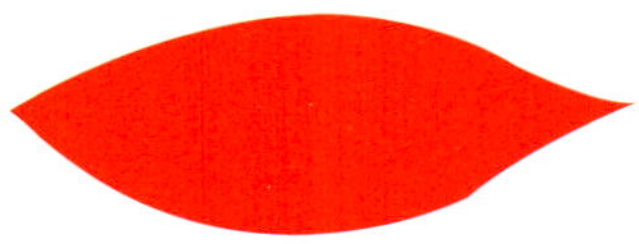

Orecchio:
2 volte

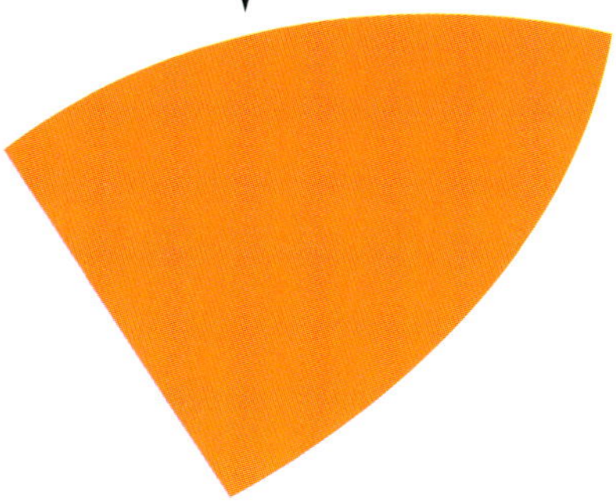

Sopracciglio:
2 volte

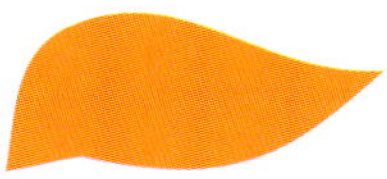

Naso:
1 volta

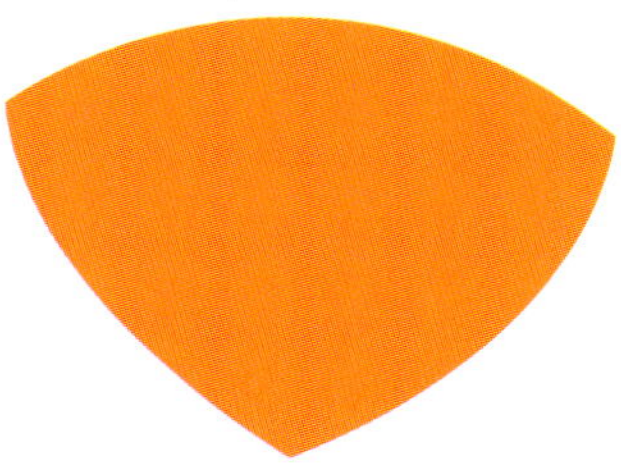

Musetto:
1 volta su cartoncino
messo doppio

Le sagome
da ritagliare
sono tutte
a grandezza reale

Marionette & pappagalli

Qualunque animale può essere usato come marionetta: sarà sufficiente attaccargli dietro una fascetta di carta che permetta di indossarlo.

Se ti piace inventare e raccontare storie, costruisci con la carta i personaggi delle tue fiabe, falli recitare e divertiti a vedere le loro avventure come se fosse a teatro.

Occorrente

- Cartoncino bianco ruvido da 200 g
- Matite acquerellabili
- Pennellino a punta tonda
- Colla stick
- Occhietti mobili
- Cannucce di plastica
- Carta velina
- Matita
- Forbici
- Scotch di carta
- Una matassina da 2 m di filo pirkka verde sfumato.

Il filo pirkka è un nastro di carta ritorta ed elastica che, srotolato, può essere usato per costruire fiori e foglie.

Esecuzione

1) Con la carta velina e la matita ricopia le sagome che ti forniamo, ritagliale e usale come modelli.
2) Con la matita traccia i contorni delle sagome sui cartoncini colorati e ritaglia i vari pezzi.
3) Aiutandoti con la fotografia qui a fianco, incolla le sagome di cartoncino una sull'altra e costruisci i fiori e i pappagalli.
4) Con le matite acquerellabili disegna i vari pezzi e sfuma i colori con il pennellino umido.
5) Incolla gli occhietti sui pappagallini e le foglie sotto i fiori.
6) Con il filo pirkka prepara le foglie piccole, srotolandolo il nastro a tratti e riavvolgendolo sulla punta (vedi foto a fianco).
7) Prepara le fascette di carta, tagliando delle strisce alte 3 cm e lunghe come la circonferenza della tua mano + 3 cm per incollare.
8) Chiudi le fascette a cerchio e incollale dietro i pappagalli.
9) Con lo scotch di carta fissa le cannucce dietro i fiori.

Pappagalli:
1 volta

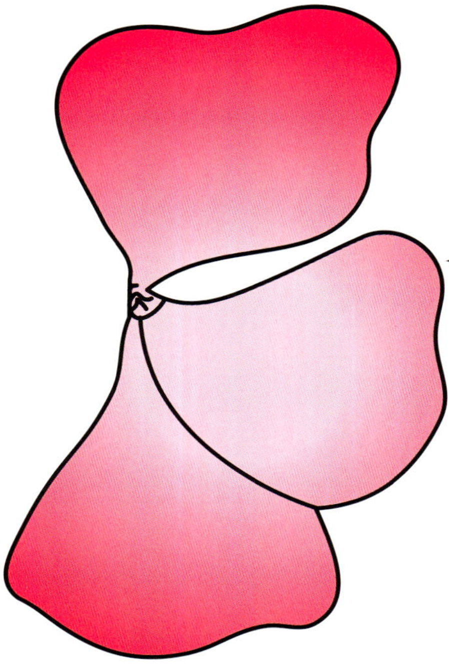

Mezzo fiore:
1 volta

Le sagome
da ritagliare
sono tutte
a grandezza reale.

Base foglia:
2 volte

Foglia:
4 volte

Foglia:
6 volte

Fiore intero:
2 volte

Foglia:
10 volte

Le sagome
da ritagliare
sono tutte
a grandezza reale.

Una mucca morbidissima

Il tuo diario ha bisogno di un'aria nuova? La porta della camera è piuttosto triste? Che cosa ne dici di preparare una tenera mucca morbidosa?

Punto festone

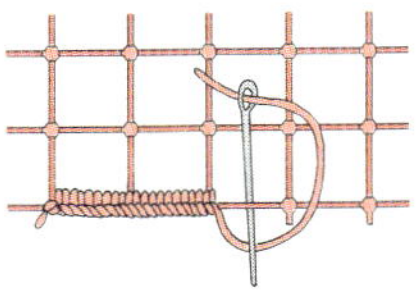

È uno dei punti classici del ricamo tradizionale e, come puoi vedere qui a sinistra, la sua realizzazione è davvero facile. Non richiede, tra l'altro, l'uso del telaio, perché viene impiegato quasi esclusivamente per rifinire gli orli della rete. Essa, infatti, se è stata eseguita correttamente, può essere tagliata poco al di sotto dei nodi senza che si disfi, ma lascia degli antiestetici "moncherini" che il bordo a punto festone, purché lavorato fittamente, ha lo scopo di nascondere.

Occorrente

- Per il cuore, cartoncino rosso liscio da 200 g
- Per il corpo, carta stampata con le pelli degli animali
- Matita
- Forbici
- Colla a caldo
- Colla stick
- Carta velina
- Carta vellutina rosa e bianca
- Pennarelli indelebili dei seguenti colori: nero, bianco, rosso e rosa
- Ovatta o imbottitura sintetica
- Ago da cucito
- Filo bianco robusto da cucito
- 20 cm di nastrino di raso rosso alto 0,3 cm
- Campanellino di metallo

Esecuzione

1) Con la carta velina e la matita ricopia le sagome che ti forniamo, ritagliale e usale come modelli.
2) Con la matita traccia i contorni delle sagome sui cartoncini colorati e sulla carta vellutina e ritaglia i vari pezzi.
3) Poggia i due pezzi di carta che compongono la testa rovescio contro rovescio e inizia a cucirli a punto festone (vedi box a sinistra) con l'ago e il filo messo doppio.
4) Lascia un pezzetto di testa aperta, inserisci un po' di ovatta all'interno per imbottirla e finisci di cucire.
5) Ritaglia il muso e le orecchie nella carta vellutina. Colora le orecchie con il pennarello rosa e traccia i tratti del naso sul muso rosa con il pennarello nero.
6) Incolla le orecchie con la colla a caldo e il muso con la colla stick. Disegna gli occhi.
7) Attacca sul cuore con la colla stick le zampe, con la colla a caldo la testa e il campanellino, come mostra la foto a fianco.

MOOOH!!

Le sagome da ritagliare sono da ingrandire del 20%.

Naso:
1 volta
(carta vellutina)

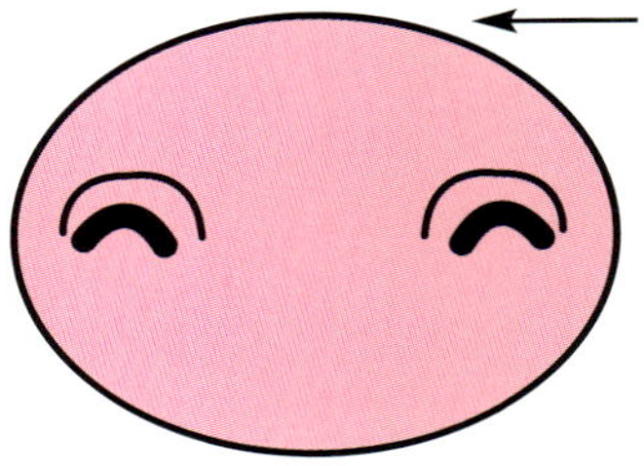

Orecchio:
2 volte

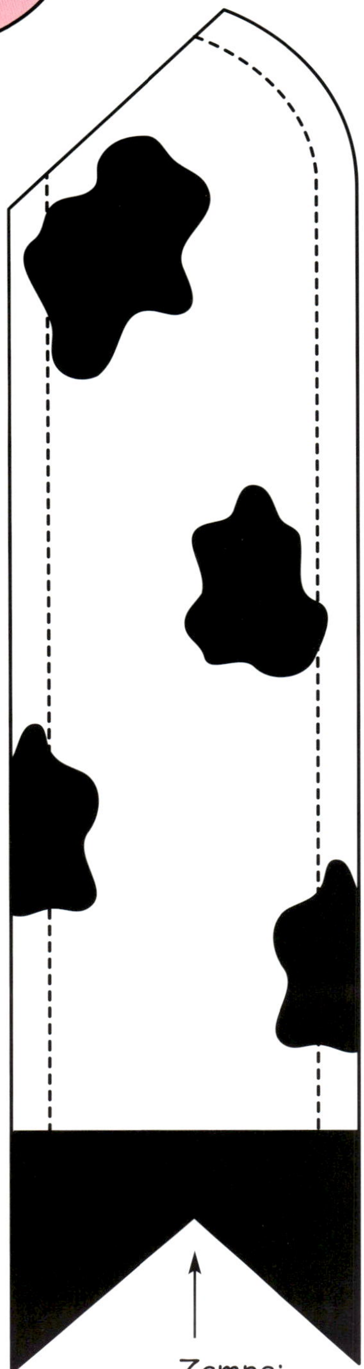

L'orecchio

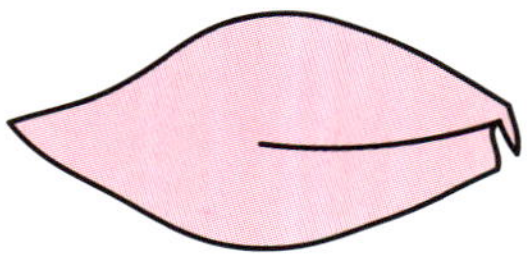

Piega a metà l'orecchio prima di attaccarlo dietro la testa.

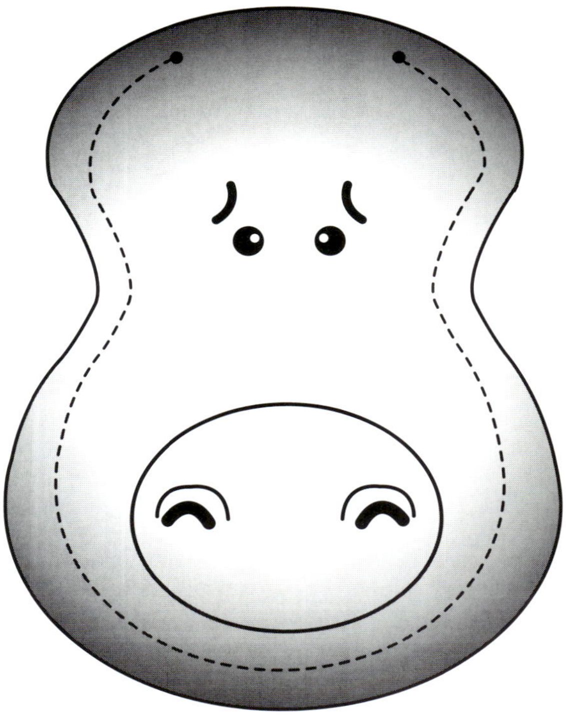

Testa:
2 volte

Zampe:
2 volte

Seguendo lo stesso procedimento, si possono realizzare tantissimi animali. Prima, però, prepara sempre le sagome. Ecco come si realizza un MAIALINO MORBIDISSIMO.

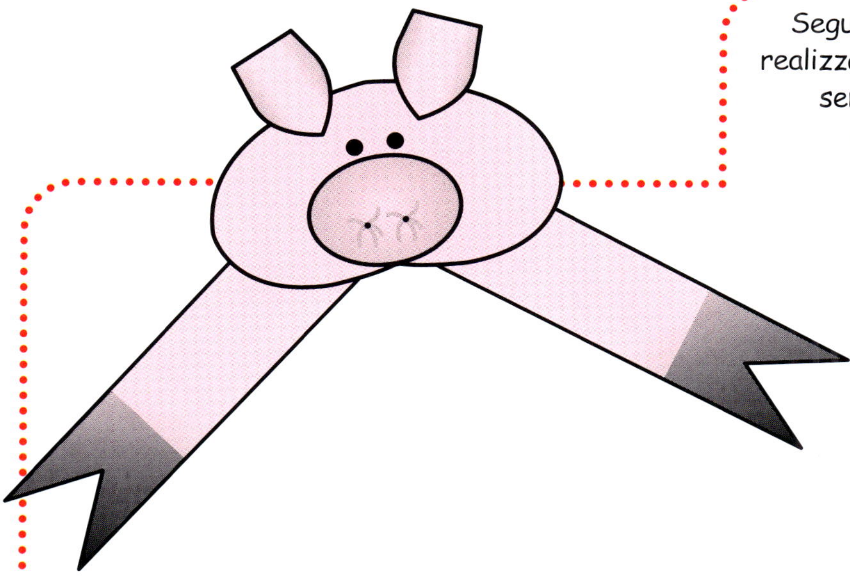

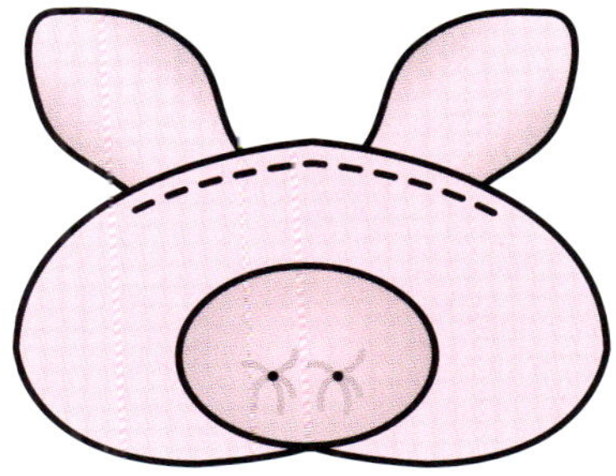

Orecchio:
2 volte

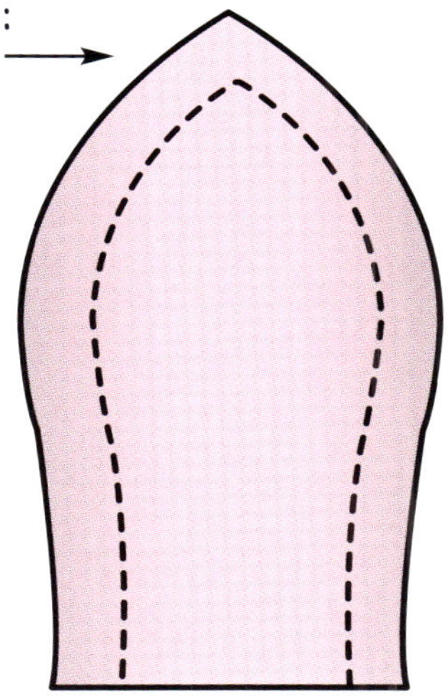

Naso:
1 volta

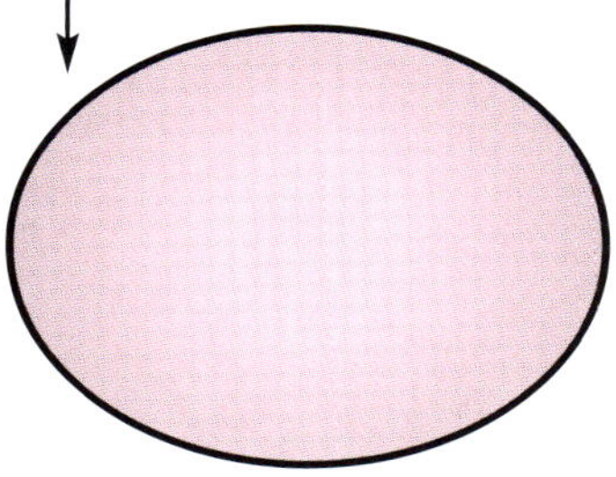

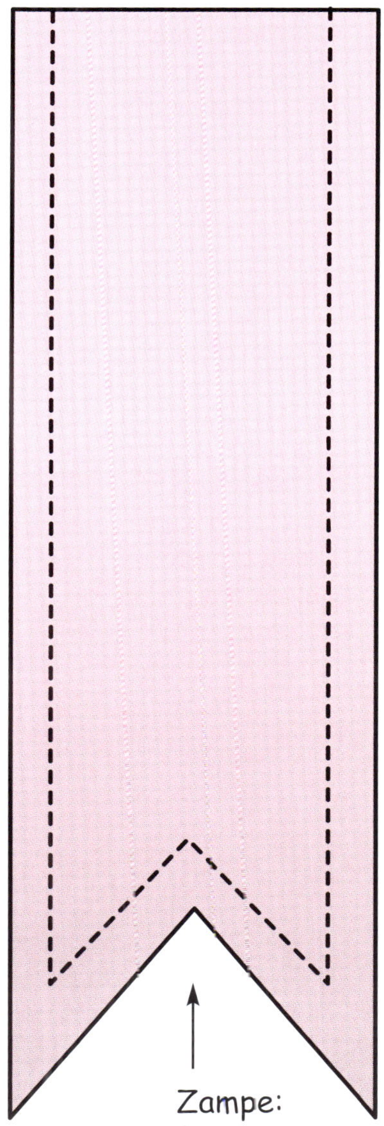

Testa:
2 volte

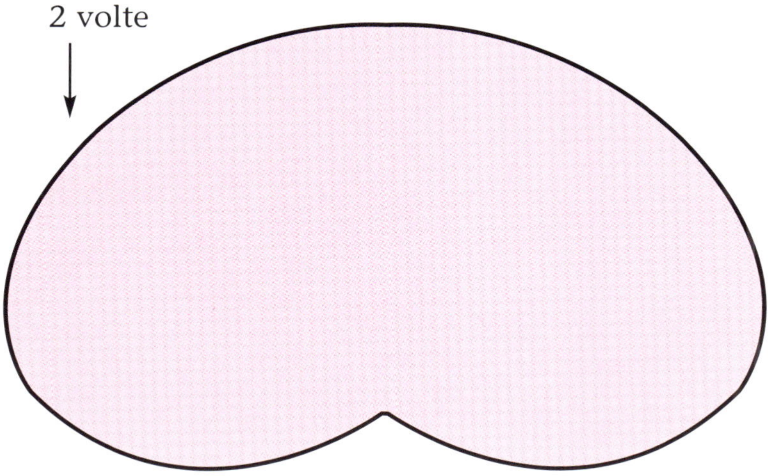

Zampe:
2 volte

Indice